Ich liebe dich

Ich liebe dich: 99 Ideen fuer die schoensten Worte der Welt
Hanna Gaebel © 2009 by SCM Haenssler im SCM-Verlag GmbH & Co. KG, 71088 Holzgerlingen
All rights reserved.
Originally Published by SCM Haenssler
Korean translation Copyright © 2011 by Seorosarang Publishing

세상에서 가장 아름다운 말

"사랑해"라고 말하는 99가지 방법

한나 게벨 지음 / 강미경 옮김

서로사랑

_시작하는 말

제1장 _ 적절한 말 찾기 12

제2장 _ 요란하든 소박하든 효과는 만점 44

제3장 _ 함께 노닥거리는 기술 64

제4장 _ 일상에 설탕을 치는 작은 아이디어들 78

제5장 _ 좀 더 특별해도 될까요? 110

제6장 _ 더 낭만적인 걸 원한다면 126

제7장 _ 용감한 분들을 위하여 152

제8장 _ 당신만을 위해 166

시작하는 말

우리가 즐겨 보는 영화나 소설들에서는 언제나 모든 게 너무 쉽습니다. 해피엔딩 후에 부부는 삶을 마칠 때까지 만족하게 살아가죠. 그러나 실제 우리 생활에서 관계란 좀 더 복잡하기 마련입니다. 분주한 일상이 돌아가면 낭만은 자주 뒷전으로 밀려나고, 처음에 나를 그렇게 흥분시켰던 것이 이제는 그만 시들합니다. 하지만 그런 삶에 그저 순응하기만 할 필요는 없지 않을까요? 그렇다면 이제 당신 삶에 몇 가지 작은 변화를 줄 적절한 때가 온 것 같군요.

이 책은 당신의 부부관계에 새로운 불을 지펴 줄 톡톡 튀는 아이디어와 창의적인 제안들을 모은 것입니다. 연령층도, 처한 삶의 형편도 각기 다른 이 세상의 가장 멋진 부부들에게서 말이죠. 그중 몇몇은 당신이나 저보다 좀 더 용감해서 새로운 것 실험하기를 즐기기도 하고, 또 몇은 더 소극적이기도 합니다. 다소 평범한 것에서부터 꽤 과감한 것에 이르기까지 이 책이 제안하는 방법들을 통해 당신이 그중 당신에게 맞는 것을 찾고, 더 나아가 당신만의 창의적인 방법들을 개발하는 데 도움을 드리고자 합니다.

당신은 남편/아내와 처음 만났을 때의 감격을 틀림없이 아직도 생생히 기억하고 있을 거예요. 그땐 그/그녀에게 사랑을 표현하기 위해서라면 어떤 길도 멀지 않았고, 어떤 노력도 힘들지 않았죠. 수많은 밤을 뜬눈으로 지새우며 전화를 끊기가 무섭게 또 전화하고, 서로를 즐겁게 해 줄 크고 작은 이벤트를 끊임없이 생각해 내기도 했었죠. 그런데 그 그림이 오늘은 좀 달라졌나요? 남편/아내를 여전히 사랑하고 있고 어쩌면 이전

보다 더 사랑하고 있는데도요? 어쩌다 가끔은 그 사실을 표현하기도 하지만 대부분은 그저 지나쳐 버리고 마나요? 그렇다면 지금 우리에게 필요한 것은 사랑이라는 이 '오래된 놀이'를 위한 '새로운 놀이 규칙들'입니다.

이제 당신은 남편/아내에게 "사랑해"라고 말하기 위한 자극과 아이디어들을 이 책에서 얻게 될 거예요. 진지하면서도 낭만적이고, 때론 익살스러우면서 매우 기발한 이 놀이 규칙 중 어떤 것은 그저 한번 킥킥대거나 너털웃음을 터뜨리기에 좋은 사소한 것들이죠. 부부가 함께 웃는 것보다 둘을 하나로 묶어 줄 더 나은 것이 또 있을까요? 여기에 실린 제안들을 한 번씩 시도해 보고 어떤 것이 당신에게 가장 잘 맞는지 찾아보세요! 물론 이 방법들은 오래된 부부들뿐 아니라 이제 막 사랑을 시작한 커플들도 적용할 수 있습니다.

　자신의 사랑을 새로운 방식으로 표현해 보고자 하는 사람은 약간의 위험부담을 감수해야 합니다. 처음엔 상대방이 당신의 노력에 어떻게 반응해야 할지 몰라 허둥대거나 놀랄 수도 있으니까요. 하지만 그건 당연한 과정이니 상대방에게 당신의 아이디어를 강요하지 마시되, 그렇다고 포기하지도 마세요. 한 가지 방법이 생각했던 대로 잘 안 되면 다른 방법을 시도해 보세요. 새로운 놀이 규칙에 적응하고 마침내 그것을 즐기기까지는 시간이 좀 걸리는 법이니까요. 게다가 아주 새로운 아이디어가 당신에게 반짝 떠오를지 누가 아나요?

　여기에 실린 제안들 중 몇 가지는 아내 혹은 남편만을 위한 것이지만, 물론 당신의 상황에 맞추어 얼마든지 응용할 수 있어요.

    이 책은 보다 가볍고 경쾌한 삶을 위한 지침서입니다. 어른이 된 우리는 삶의 곳곳에서 힘든 결정들을 내려야 하고 심각한 사안들을 처리해야 하죠. 하지만 부부관계를 좀 더 유쾌하게 만든다면 삶이 한결 가벼워지지 않을까요?

    하루는 1,440분입니다. 당신의 결혼 생활에 새로운 활력을 불어넣을 크고 작은, 평범하고 때론 낭만적인 일에 그중 5분을 투자하지 못할 이유는 없겠죠?

제1장

적절한 말 찾기

"선한 말은 꿀송이 같아서
마음에 달고 뼈에 양약이 되느니라"

잠언 16:24

말에는 믿기 어려울 만큼 강한 힘이 있습니다. 기분 좋은 말이 우리 몸과 영혼에 그토록 좋은 것이라면 사랑의 말은 더더욱 그렇겠죠. 사랑한다는 말은 아무리 들어도 싫증나는 법이 없으니까요.

"사랑해"라는 말은 여러 가지 방법으로 할 수 있습니다. 행동으로, 몸짓으로, 관심으로. 하지만 또한 언제나 말로도 해야 합니다. 그것이 매개를 거치지 않아 가장 직접적이며, 당신의 남편/아내가 필요로 하는 확신을 줍니다. 위대한 시인들도 사랑을 표현할 적절한 말을 얻기 위해선 수고를 아끼지 않았지요.

'나는 셰익스피어가 아닌데…'라고 느끼시나요? 걱정 마세요. 아무도 당신에게 갑자기 '소네트'(14행의 짧은 시로 이루어진 서양 시가)를 써 내라고 요구하진 않을 테니까요. 만약 당신이 낭만적이어서 시를 좋아한다면 시인들이 당신을 대신해서 말하게 해 보세요. 멋진 시구(詩句)를 인용하는 것은 언제나 좋은 방법입니다. 그러나 화려한 표현이 싫다면 당신만의 진솔한 표현을 찾아보세요. 가장 중요한 것은 마음에서 우러나는 진심이니까요.

당신은 남편/아내를 사랑하고 있어요! 그렇다면 그냥 사랑한다고 말해 보세요.

"나는 당신을 사랑해요"를 다른 나라 말로 전해 보면 어떨까요?

- 독일어: Ich liebe dich (이히 리베 디히)
- 프랑스어: Je t'aime (쥬 뗌므)
- 이탈리아어: Ti amo (티 아모)
- 스페인어: Te qiero (떼 끼에로)
- 일본어: aishiteru (아이시테루)
- 중국어: wo ai ni (워 아이 니)

사랑의 편지를 써 보세요.

마지막으로 사랑의 편지를 받거나 써 본 적이 언젠가요? 사랑의 편지는 아주 특별합니다. 그것을 읽을 때 우리의 심장은 뛰고, 그것을 쓸 때 우리는 적절한 말을 찾으려 애쓰며, 그것을 주고받을 때 우리는 행복해지죠.

사랑의 편지는 평소에 생각만 하고 있던 것을 표현할 멋진 기회가 됩니다. 종이에 적는 것이 때론 소리 내어 말하는 것보다 더 쉬울 때가 있으니까요. 이메일과 문자메시지의 시대에 손으로 직접 쓴 편지는 훨씬 더 의미가 깊고 그 자체로 아주 낭만적인 몸짓입니다. 그러니 이제 당신의 남편/아내에게 생생한 사랑의 편지를 새로이 한번 써 볼 만한 충분한 이유가 있겠죠! 결혼한 지 25년이 됐든 막 결혼했든 상관없이 말예요.

문법적인 것부터 세세한 양식까지 다 정확할 필요는 없어요. 그냥 쓰고 싶은 대로 쓰세요. 소설처럼 장황하게 써도 좋고 단 몇 줄도 상관없죠. 남의 시를 인용해도 되고 직접 시를 써도 됩니다. 진지하고 감동적이든, 재밌고 가볍든 관계없어요. 당신에게 맞는 방법으로 쓰는 것이 가장 중요하니까요.

어떻게 시작하는 것이 좋을지 잘 모르겠다고요? 그러면 당신의 남편/아내가 어떻게 당신을 행복하게 하는지, 당신 자신과 또 가정을 향한 당신의 꿈은 무엇인지, 그리고 남편/아내의 어떤 점이 당신을 감탄하게 하는지 등을 적어 보세요. 그런 개인적인 사랑의 말들은 가슴 깊이 와 닿아서 늘 되풀이해 읽혀질 거예요.

편지는 우편으로 보내세요.

    사랑의 편지를 다 썼다면, 아주 전통적인 방법인 우편으로 보내 보세요. 예를 들어, 혹시 당신 부부가 고향을 방문할 계획이라면 그곳으로 보내는 건 어떨까요? 또는 당신 부부에게 특별한 의미가 있는 장소가 있을 수도 있고, 직장으로 보내는 것도 좋은 방법이 되겠죠.

다른 방법도 있습니다.

 그 편지를 남편/아내가 읽고 있는 책 속에 꽂아 두세요. 서류가방에 넣어 두거나, 만약 당신이 잠시 집을 떠나 있게 된다면 남편/아내의 베개 위에 올려두세요.

사랑의 편지를 좀 더 특별한 종이에 쓰면 더욱 인상적이겠죠?

   종이를 돌돌 말아서 잘 어울리는 끈이나 리본으로 예쁘게 묶어서 전해 보세요.

6

사랑의 편지를 몇 개의 조각으로 나누어 하나씩 선물해 보세요.

편지를 한 문장 또는 한 마디씩 나누어서 각각 작은 봉투나 상자에 담으세요. 그리고 적당한 시간 간격을 두고 하나씩 전달해 보세요. 편지가 다 전해지면 남편/아내는 당신이 쓴 내용을 퍼즐처럼 맞추어 한꺼번에 읽어 볼 수 있게 됩니다. 편지의 순서를 다 맞추면 작은 선물(상품권이나 함께하는 활동)을 상으로 주어도 좋겠죠.

분필이나 물에 씻기는 필기구로 사랑의 편지를 집의 담이나 대문, 현관문 등에 써 놓을 수도 있습니다.

그러면 다음번 비가 오거나 청소할 때까진 오며가며 매일 읽을 수밖에 없죠.

유성 펜으로 사랑의 편지를 커다란 풍선에 써서 집안에 띄워 놓는 방법도 있어요.

또는 쪽지에 적어 투명한 풍선 안에 넣어 두어도 됩니다.

사랑의 편지를 전하는 방법에는 제한이 없어요.

보다 현대적인 방식을 원하면, 문구점이나 인터넷 또는 전문 가게들에서 사랑의 문구가 쓰인 핀(단추, 브로치 등)을 여러 개 구입해 두었다가 그때그때 상황에 맞는 문구의 것을 꽂아 보세요. 가장 기본적인 "사랑해"부터 레퍼토리는 무궁무진합니다. 또는 당신이 원하는 문구를 직접 주문해서 새길 수도 있어요. 이 방법은 티셔츠나 손수건 등에도 응용해 볼 수 있답니다.

10

밸런타인데이나 크리스마스에는 하트 모양의 초콜릿이 가득 든 상자를 선물해 보세요.

초콜릿 사이사이에는 사랑의 말을 담은 작은 편지들을 뿌려서. 그러면 달콤함이 남편/아내의 몸과 마음에 쓰나미처럼 밀려들 겁니다.

사랑은 위장을 통해서도 진하게 확인할 수 있죠.

  글씨를 쓸 수 있는 초콜릿이나 제과 용품들로 달콤한 사랑의 편지를 (직접 만든) 케이크나 커다란 과자 위에 써 보세요. 또는 접시 위를 장식할 수도 있어요.

12

'나는 행복해요' 라는 쪽지를 써 보세요.

당신에게 특별한 의미가 있었던 순간들을 구체적으로 전달하는 겁니다. 예를 들어 볼까요?

* 어제 내가 소파에 앉아 있을 때 당신이 다가와 안아 주셔서 너무 행복했어요. 당신 옆에 있으면 저는 참 든든하답니다.

* 나는 당신과 손을 잡고 걸을 때면 마치 막 사랑에 빠진 십 대 소년이 된 듯해요.

13

남편/아내의 이름으로 그/그녀의 장점을 표현하는 삼행시를 지어 전해 보세요.

예를 들어 볼까요?

강인함과
지혜와
용기를 갖춘 당신을 사랑해요.

윤기 나는 피부와
영롱한 미소를 지닌 당신과 영원히
아름다운 가정을 이루고 싶어요.

14

이불도 편지지가 될 수 있습니다.

    예술적인 재능이 있다면 직물용 물감으로 직접 써도 좋고, 아니면 전문 업체를 통해 인쇄할 수도 있어요. 둘에게 특별한 의미가 있는 사진을 뒤 배경으로 해도 좋겠죠.

벽도 좋은 편지지예요.

    벽이나 가구의 표면에 뗐다 붙였다 할 수 있는 스티커를 이용해서 사랑의 편지를 써 보세요. 이미 만들어진 제품을 구입할 수도 있고, 원하는 대로 주문할 수도 있어요. 어떤 식으로 하든, 이제 당신은 그 앞에 자주 서 있는 한 사람을 보게 될 겁니다.

당신은 언어의 마술사가 아니라고요?

그렇다면 다른 사람의 재능을 활용하세요. 요즘엔 이루 셀 수 없이 다양한 카드나 엽서가 나옵니다. 낭만적인 것, 익살스러운 것, 진지한 것 등. 마음에 드는 것이 보일 때마다 사서 모아 두세요. 그리고 필요할 때 그중 가장 적절한 것을 골라서 사용하면 됩니다. 당신이 남편/아내를 얼마나 사랑하는지 날마다 보여 주고 싶다면 매일 하나씩 써도 좋고, 또는 한꺼번에 열 개든 1년에 한 개라도 나쁘지 않겠죠. 엽서 사는 게 번거롭다면 인터넷에서 E-카드를 찾아보세요.

암호 풀이를 좋아하세요?

    그렇다면 책이나 신문의 한 페이지에서 당신이 전하고 싶은 말을 담은 글자를 찾아내어 형광펜이나 색연필로 표시해 두세요. 그리고 남편/아내가 볼 수 있도록 책갈피를 꽂거나 흔적을 남겨 두세요.

18

인용할 만한 멋진 말을 찾는다면 위대한 시인들의 정열적인 언어에서 영감을 얻으세요.

지난 수 세기 동안 언어는 변했지만 강렬한 사랑의 체험은 변함없이 우리 곁에 남아 있죠. 시와 성경 구절 등 몇 가지 예문을 소개할게요.

사랑

사랑은 그 무엇도 막을 수 없다.
사랑은 문도 빗장도 알지 못한 채
모든 것을 뚫고 들어온다.
사랑은 시작도 없이
영원토록 그 날개를 쳐 왔으며
앞으로도 영원히 날갯짓 할 것이다.

마티아스 클라우디우스
(Matthias Claudius)

나를 당신 마음에 도장처럼 새기고
나를 당신 팔에 도장처럼 새겨 두세요.
사랑은 죽음만큼이나 강하고
질투는 무덤만큼이나 잔인해
불꽃처럼 거세게 타오릅니다.

아가 8:6
(우리말성경)

(사랑은) 모든 것을 덮어 주고

모든 것을 믿으며

모든 것을 바라고

모든 것을 견딥니다.

고린도전서 13:7
(우리말성경)

나는 보다 더 간결하고, 보다 더 단순하고,
보다 더 진지한 것을 원하고,
나는 더욱더 영혼과, 더욱더 사랑과,
더욱더 마음을 원하오.

빈센트 반 고흐
(Vincent van Gogh)

그곳에 사랑이 있다.
외로운 두 사람이 서로를 지켜 주고 보듬고
함께 이야기 나누는 그곳에.

라이너 마리아 릴케
(Raimer Maria Rilke)

기쁨이 가득하고

기쁨이 가득하고 또한 고통이 가득하며
사색이 가득한 것,
염려하고 두려워하며 고통 속을 헤매고,
하늘 높이 환호하다가도
죽음에 이르도록 탄식하나
오직 행복한 것
사랑하는 자의 영혼이라.

요한 볼프강 폰 괴테
(Johamm Wolfgang v. Goethe)

당신은 지지 않는 태양입니다

당신은 지지 않는 태양입니다.
당신은 언제나 하늘에 떠 있는 달입니다.
당신은 별입니다.
다른 별들이 빛을 잃을 때도
여전히 당신의 환한 빛으로 낮을 비추는 별입니다.

당신은 해 떠오르기 전의 붉은 아침빛
어떤 밤도 이길 수 없는 밝은 낮입니다.
땅 위에 비추인 기쁨과 희망의 빛
그것이 바로 더 이상 아름다울 수 없는 나의 당신입니다.

호프만 폰 팔러슬레벤
(Hoffmamm vom Fallersleben)

제2장

요란하든 소박하든
효과는 만점

사랑받는 것보다 더 좋은 것은 없다.

사랑받을 만해서 사랑받는 것도 좋지만,

그보다 더 좋은 것은

사랑받을 만한 이유가 없을 때도 사랑받는 것이다.

빅토르 위고
(Victor Hugo)

이 장에 소개되는 사랑 고백의 방법들은 어쩌면 당신에게 너무 평범해 보일지도 모르겠네요. 원래 사랑의 고백은 거창한 말이 없어도 되니까요. 대신 사소한 것들이 만들어 내는 기적으로 사랑은 주로 전달됩니다. 사랑을 전하는 데는 사실 그리 많은 시간도 수고도 필요치 않죠. 하지만 아무리 사소한 사랑의 고백이라도 모든 걸 확 바꿔 놓을 수 있습니다. 길든 짧든 그것을 뿌리칠 장사는 없어요. 마음에서 우러나는 작은 관심, 적절한 순간에 필요를 채워 주는 것, 깜짝 즐겁게 해 주는 것, 이 모든 것들이 분명한 메시지를 전달합니다. "당신은 내게 너무 소중해요!"라는.

19

마사지를 해 주세요.

하루 종일 사무실 책상에 앉아 있거나 업무에 몰두하는 당신의 남편/아내는 틀림없이 목과 어깨가 늘 뻐근할 거예요. 그럴 때 집에서 마사지를 받을 수 있다면 얼마나 좋을까요. 가끔 그/그녀가 이 호강을 누릴 수 있도록 해 주세요. 긴장은 풀고 사랑은 채우는 이 기적의 손놀림을 거부할 사람은 아무도 없을 겁니다.

남편/아내의 생일에 시부모님/장인 장모님께 카드를 보내 보세요.

그분들의 멋진 아들/딸에 대해 감사를 전하면서 그/그녀로 인해 당신이 얼마나 행복한지 써 보세요. 머지않아 당신의 남편/아내도 틀림없이 그 사실을 알게 될 겁니다.

특별한 추억의 요리를 만들어 주세요.

남편/아내가 어린 시절에 아주 즐겨 먹었던 음식이 분명 있을 거예요. 어머님께 그것을 여쭈어 보고 그/그녀에게 특별한 추억의 요리를 만들어 주세요.

22

남편/아내가 가장 하기 싫어하는 일을 최소한 한 가지쯤은 조건이나 보상 없이 대신해 주세요.

그/그녀가 친구나 친척들의 생일을 챙기는 데 은사가 없다면 당신이 챙기세요. 세금 고지서를 챙기는 데 진절머리를 낸다면 당신이 대신해 주세요.

그러면 남편/아내는 또 전혀 뜻밖에 욕실 청소를 하거나 세차를 해서 당신을 기쁘게 할지도 모르죠. 그/그녀가 어떤 일을 할 때 가장 스트레스를 받는지 당신이 제일 잘 알 겁니다. 그 지식을 사랑 고백의 실용적인 기회로 삼아 보세요.

역할을 바꿔 보는 건 어떨까요?

　결혼 생활 중 당신 부부는 아마 각자의 역할을 상당히 고정시켜 나누어 왔을 거예요. 흔히 전통적으로 해 오듯이 아내는 가사 일을 돌보고 남편은 자동차 관리나 집안 수리 같은 일을 담당하고 있거나, 또는 오랜 시행착오 끝에 전혀 달리 분담했을 수도 있겠죠. 어쨌든 좋아요. 하루 날 잡아서 그 역할을 바꿔 보세요. 평소에 집안 청소를 맡았던 사람은 이번엔 세차를 해 보는 등, 하루 동안 어떤 역할을 서로 바꾸어 하면 좋을지 함께 의논해서 상대방의 입장이 되는 기회를 만들어 보세요.

그러면 일상생활 속에서 서로를 위해 뭔가를 한다는 것이 값진 일이라는 걸 다시 한 번 깨닫게 될 테고, 혹시 또 아나요? 지금까지 해 보지 않았던 다른 일이 당신에게 훨씬 더 재미있다는 걸 발견하게 될는지도.

24

함께 음식을 만들어 보세요.

　남편/아내와 함께 요리해 본 적 있나요? 아마 대부분은 부부 중 한 사람이 주방의 주도권을 잡고 있을 거예요. 그 틀을 한번 깨 보세요. 이번에는 평소에 거의 요리를 하지 않았던 쪽이 주도권을 쥐어야 합니다. 그리고 아직 한 번도 만들어 보지 않은 메뉴를 고르세요. 함께 장을 봐 와서 레시피를 보며 만들어 보세요. 목적은 같이 시간을 보내며 즐기는 겁니다. 완벽한 식탁을 차리는 것은 그 다음 문제라는 걸 잊지 마세요.

주방은 매우 훌륭한 교제의 장소예요. 요리하고 먹고 치우면서 진실한 대화가 이루어지는 경우가 많죠. 당신이 매번 요리를 완벽하게 하려고만 하지 않는다면, 주방이란 새로운 것을 함께 실험해 보며 긴장을 풀 수 있는 멋진 곳이란 걸 확인하게 될 겁니다. 더불어 당신의 요리 레퍼토리도 점점 늘어 가겠죠. 프로들은 치우는 것도 나중에 즐기면서 함께 한답니다.

25

남편/아내의 최고의 팬이 되어 주세요.

그/그녀가 스포츠를 할 때면 그 누구보다 열정적으로 응원해 주시고, 얼마나 멋지게 경기에 임했는지 다른 사람들이 있는 데서 큰 소리로 자랑해 주세요.

남편/아내가 출장을 가거나 다른 일로 며칠 집을 떠나 있게 된다면 길을 떠나기 전에 축복의 말을 적은 쪽지를 함께 챙겨 주세요.

> 여호와는 네게 복을 주시고
> 너를 지키시기를 원하며
> 여호와는 그 얼굴로 네게 비취사
> 은혜 베푸시기를 원하며
> 여호와는 그 얼굴을 네게로 향하여 드사
> 평강주시기를 원하노라
>
> 민수기 6:24~26

27

다툰 후에는 재미있게 화해해 보세요.

서로 너무나 사랑함에도 불구하고 가끔은 치고받고 싸우거나 심각한 다툼을 할 일도 생기곤 하죠. 관계를 깨뜨리지 않고 유지시키는 데 꼭 필요한 사랑의 표현은 용서하려는 마음입니다.

화해가 얼마나 멋진 일인가 확인하는 기회는 늘 새롭게 다시 가져야 하는 순간이죠. 그런데 이 일을 재미있게 한다면 더 좋을 거예요. 사과의 말을 적은 리본이나 끈을 적당한 곳에 매달아 놓거나, 티셔츠에 적어서 입어 보세요. 예를 들어 볼까요?

* "미안해요."

* "난 오늘도 당신을 사랑해요."

* "나는 다시 태어나도 당신과 결혼할 거예요."

* "우리 둘 다 너무했어요. 다시 사이좋게 지내요."

저녁에 함께 앉아 그날 하루 있었던 일에 대해 대화를 나눠 보세요.

왠지 모르지만 저녁 어스름이 깔릴 무렵에 가장 진솔한 대화가 이루어지는 경우가 많으니까요. 이때는 긴급한 사안이나 업무에 관한 주제는 피하세요. 당신이 오늘 겪었던 일과 느꼈던 감정들을 주로 나누세요. 이 시간이 매일의 일상이 되게 해 보세요.

29

남편/아내의 유머에 웃어 주세요.

당신은 그/그녀의 유머를 이미 여러 번 들어서 다 외우고 있습니다. 그래도 웃으세요.

30

문자메시지를 보내세요.

칭찬의 문자메시지를 불쑥, 뜬금없이 띄워 보세요.

남편/아내를 위해 기도하세요.

그리고 그/그녀를 위해 기도하고 있다고 말해 주세요.

제3장

함께
노닥거리는 기술

함께 노닥거리는 것은 사랑의 곡예술이다.

폴 부르제
(Paul Bourget)

함께 노닥거리는 것, 즉 애정 어린 가벼운 장난은 그야말로 예술에 가까운 사랑의 기술입니다. 신혼 초에야 자동적으로 되었지만 언제부턴가 뜸해지더니, 이젠 전혀 남의 일이 되었나요? 그렇다면 정말 유감이군요. 이런 장난은 친밀감을 재미나게 표현하는 방법입니다. 둘 사이가 친할수록 이런 가벼운 장난으로 상대방으로부터 더 쉽게 웃음을 이끌어 내고, 하루의 긴장을 풀며, 분위기를 화기애애하게 만들 수 있죠. 이때 핵심은 부부가 함께 재미를 느끼며 상대방을 행복하게 만드는 겁니다. 결혼한 지 너무 오래돼서 어떻게 아직도 그럴 수 있을까 싶다면 신혼 때를 한번 떠올려 보세요. 그리고 당신이 먼저 남편/아내에게 칭찬의 멘트부터 날려 보세요. 그 다음엔 그동안 들은 유머를 한마디 써 보세요.

장난기 어린 몸짓도 좋고 익살스런 미소나 표정을 지어 보는 것도 좋아요. 이런 가벼운 장난으로 유쾌한 관계의 문을 새롭게 열어 보세요.

이 방법의 성공 조건은 당신 자신이 먼저 즐겨야 한다는 겁니다. 그리고 당신의 숨겨진 익살스런 면이나 유머감각을 하나씩 찾아내는 거죠. 상대방이 어떻게 반응하는가보다 더 중요한 건 당신이 먼저 기분 좋게 즐기는 것임을 잊지 마세요. 당신이 이 방법의 재미를 즐기면 즐길수록 상대방도 곧 함께 빠져들게 될 테니까요.

이번 장에서는 이런 가벼운 장난에 대한 아이디어들을 제공해 드리려 합니다. 시간도 별로 들지 않고 어디서나 쉽게 해 볼 수 있어요. 가장 좋은 점은 한번 성공하고 나면 하루 종일 즐거워진다는 거죠. 기대되지 않나요?

32

작은 말 한마디의 영향력은 어마어마합니다.

칭찬 한마디로 남편/아내를 하루 종일 황홀하게 만들 수 있죠. 이제부터 (최소한) 일주일간 그/그녀에게 매일 잊지 말고 약을 챙기듯 칭찬 한마디씩을 챙겨 먹이세요.

아내는 이런 말을 들으면 생기가 돌아요.

- ✽ 당신, 오늘 특히 더 예뻐 보이는군.
- ✽ 당신은 정말 매력적인 여자야.
- ✽ 난 당신 미소에 중독됐어.
- ✽ 당신은 정말 사랑스러워.

남편은 이런 말을 들을 때 어깨가 으슥하죠.

- ※ 나는 당신이 정말 멋있다고 생각해요.
- ※ 당신은 나의 영웅이에요.
- ※ 나는 다시 태어나도 당신과 결혼할 거예요.
- ※ 당신은 정말 매력적인 남자예요.

칭찬은 진심으로 그리고 구체적으로 해야 성공합니다. 칭찬이 아무리 좋아도 소금을 쳐 대듯 마구 남발하거나 앵무새처럼 똑같은 말만 되풀이하진 마세요.

33

웃으면 건강해집니다.

    웃다 보면 병뿐 아니라 관계도 회복되죠. 그렇다면 왜 당신의 남편/아내와 좀 더 자주 함께 웃지 않나요? 같이 웃으세요. 긴장이 풀어지고 날카로운 상황이 부드러워집니다. 함께 웃다 보면 친밀감이 생기고 긍정적인 분위기가 지배하게 됩니다. 애정 어린 농담, 재치 있는 말장난, 가벼운 유머, 웃음이 터지는 상황들을 만들어 보세요. 그/그녀의 눈 속에서 반짝 빛나는 장난기를 새로이 찾아보고, 당신의 익살스런 면도 보여 주세요.

34

가끔은 평소에 하기 힘든 '닭살스런 유머'를 사용해 보세요.

남편/아내에게 슬쩍 장난을 걸기에 적합한 닭살 유머들이 있습니다. 보통 때는 아주 실없어 보이지만, 가끔은 눈을 찡긋하며 한번 써먹어 볼 수도 있죠. 최악의 경우에는 둘 다 폭소를 터뜨리게 될 테고, 가장 성공적인 경우에는 당신의 반쪽이 도리어 당신에게 장난을 걸어 오게 될 겁니다. 여기 몇 가지 예를 소개할게요.

* 당신, 손을 어디에 둬야 할지 모르겠으면 내게 줘요.
내가 당신 대신 잘 간수하고 있을게.

* 아, 오늘은 정말 힘든 날이었어. 이럴 때 매혹적인
여인이 내게 미소를 보내 온다면 한결 기분이 좋아
질 텐데. 당신, 내게 한번 웃어 주겠소?

* 키스는 사랑의 언어라는 것 아세요? 여보, 여기 와
서 우리 대화 좀 할까요?

다시 한 번 열일곱 살로 돌아가 보면 어떨까요?

    당신의 십 대 시절을 아직 생생히 기억하고 있겠죠? 그땐 정말 어떻게 그런 옷을 입을 수 있었는지, 어떻게 그런 행동을 할 수 있었는지…. 정말 짜릿한 시절이었죠. 오늘 남편/아내와 함께 그 시절의 생기를 다시 한 번 느껴 보세요. 당시 즐겨 듣던 음악을 함께 들어 보세요. 그 무렵 자주 갔던 장소가 아직 남아 있다면 거기서 데이트 약속을 정해 보세요. 나란히 어깨를 두르고 앉아 그 시절의 추억거리를 서로 나누고 당신이나 배우자를 열광시켰던 영화를 함께 보세요. 잠시 일상을 깨고 남편/아내와 함께 십 대 시절의 풋풋한 감성을 다시 한 번 만끽해 보세요.

36

신체 접촉을 일상 속에서 좀 더 의식적으로 자주 시도해 보세요.

단순한 작은 몸짓이 아주 효과적으로 큰 말을 한답니다. 가볍게 손을 쥐어 주거나, 스쳐 지나갈 때 등을 살짝 어루만져 주거나, 또 함께 대화를 나눌 때는 좀 더 오래 쓰다듬어 주세요. 그냥 입도 자주 맞추세요.

그런 가벼운 접촉들이 사랑 가득한 언어가 되어 부부 간의 친밀감을 더욱 섬세하게 만듭니다. 그러나 약효가 그리 오래가진 않으니 자주 의식적으로 작은 접촉들을 늘려 나가세요. 그리고 그것이 두 사람 모두에게 어떤 효과를 발휘하는지 지켜보세요. 놀라운 결과를 보게 될 겁니다.

제4장

일상에 설탕을 치는
작은 아이디어들

사랑은 사소한 친절들을 먹고 산다.

테오도르 폰타네
(Theodor Fomtane)

사랑 고백이라는 주제를 들으면 흔히 아주 거창한 아이디어를 생각할 때가 많습니다. 일생에 한두 번 겪을까 말까 한 엄청나게 낭만적인 사건을 떠올리곤 하죠. 물론 그것들은 아주 인상 깊습니다. 하지만 작은 묘안들도 그에 못지않게 멋지답니다. 이런 것은 큰 수고가 들지 않으니 일상 속에서 쉽게 해 볼 수 있고, 그래서 더 자주 즐길 수 있죠. 사무실에서 쓰는 클립을 하트 모양으로 구부린다거나, 김 서린 욕실 거울에 메시지를 남긴다거나 뭐든 괜찮아요. 바로 이런 작은 몸짓들이 상대방을 미소 짓게 합니다. 이번 장에서는 당신이 간단하게 실행해 볼 수 있는 사소한 아이디어들을 제공해 드릴 거예요. 거기에 당신이 살을 붙여서 응용하고 발전시키면 더욱 다양한 추억거리들을 만들 수 있겠죠.

37

비밀스런 사랑의 고백들을 집안 곳곳에 뿌려 보세요.

김 서린 욕실 거울도 놓치지 말고 사랑의 글을 남길 편지지로 이용하세요. 거울이 마르면 글은 사라지지만, 다시 김이 서리면 또 나타난답니다.

포스트잇을 잘 활용해 보세요. 사랑의 말을 담아 싱크대에, 수도꼭지에, 커피 잔에, 밥그릇에, 냉장고 문에, 서류 가방 등에 붙여 두세요. 눈을 크게 뜨고 집 안팎을 둘러보면 훨씬 더 멋진 장소들을 찾아낼 수 있을 거예요.

38

가끔 남편/아내에게 이메일을 보내세요.

"난 지금 당신을 생각하고 있어요. 사랑해요"라고 아주 짧게도 괜찮아요. 하지만 그것은 틀림없이 그/그녀의 얼굴에 하루 종일 지지 않는 웃음꽃을 피워 줄 겁니다. 재치 있고 낭만적인 인터넷 사이트나 그림을 링크하는 센스도 발휘해 보세요.

39

남편/아내의 컴퓨터 바탕화면을 살짝 바꿔 보세요.

짤막한 사랑의 고백이나 용기를 북돋우는 칭찬의 말을 띄워서요.

함께 레스토랑에 갈 기회가 생기면 이렇게 한번 해 보세요.

　마주 앉아서 각기 다른 요리를 먹는 대신 나란히 앉아 한 접시에서 같은 요리를 함께 드세요. 특별히 수프가 아주 좋죠. 먹을 땐 서로의 눈을 바라보세요. 그런 식으로 음식을 나누어 먹으면 아주 특별한 친밀감을 느끼게 됩니다. 서로 장난을 치고 싶을 만큼 허물없어지기도 하죠.

함께 수영하러 가거나 수영 강습을 받아 보세요.

　　남편/아내를 갓 만나 스치기만 해도 전기가 통하던 그때를 추억하며 물속에서 서로를 좀 더 가까이 느껴 보는 것도 신선한 자극제가 될 수 있답니다. 찾아보면 커플을 위한 특별한 이벤트를 여는 수영장들도 있어요.

침묵 가운데 친밀감을 나눠 보세요.

남편이 혼자 소파에 앉아 있거든 그냥 조용히 다가가서 옆에 앉으세요. 그리고 가만히 그의 어깨에 머리를 기대고 아무 말 없이 함께 있어 보세요. 서로 대화를 나누는 것도 중요하지만 함께 침묵하는 것도 멋진 사랑의 기술이랍니다. 이때 느껴지는 친밀감을 그냥 말없이 즐겨 보세요.

한겨울 자동차 앞 유리에 낀 성에를 이용해서 사랑을 고백해 보세요.

    겨울 아침에 자동차 앞 유리를 긁어내는 건 정말 귀찮은 일이죠. 하지만 사랑을 고백할 실용적인 기회가 될 수도 있답니다. 사랑하는 사람을 위해 그 일을 대신 떠맡으세요. 물론 작은 하트 하나는 남겨두시고요.

아이디어의 보물 상자를 만드세요.

    살다 보면 문득 마음에 드는 것을 발견할 때가 있습니다. 기회가 닿으면 꼭 사고 싶은 물건들, 한번 해 보고 싶은 일, 또는 그냥 두면 곧 사라져 버리고 마는 기발한 생각들을 만나게 되죠. 당신의 남편/아내가 틀림없이 그런 것들을 종종 별다른 의도 없이 넌지시 알려올 때가 있을 겁니다. 그럴 때마다 수첩에 적어 두세요. 그러면 그것이 그/그녀를 즐겁게 해 줄 아이디어의 보물 상자가 됩니다. 즉흥적인 작은 이벤트나 장기적인 생일 선물 등을 위한 자료가 늘 풍성해지죠.

45

여자들은 꽃을 좋아합니다.

생일이나 결혼기념일이 아니어도 별다른 이유 없이 그냥 아내에게 꽃을 사다 주세요. 하지만 길거리 같은 데서 아무거나 한 묶음 사는 것보다는 좀 더 세심하게 골랐을 때 효과는 배가 됩니다. 줄기가 긴 한 송이 꽃이 특별히 효과가 좋죠.

단순히 꽃을 통해서뿐만 아니라 꽃말을 통해서도 메시지를 전할 수 있다는 것 아세요? 지난 수 세기 동안 꽃말은 연인들에게 비밀스런 사랑 고백의 멋진 수단이 되어 왔습니다. 한 송이의 붉은 장미가 정열적인 사랑을 뜻한다는 것은 이미 잘 알려져 있죠. 하지만 그 외에도 다른 향기로운 고백들이 많이 있어요. 아내의 베개 위에 쟈스민 꽃을 올려 두면 "당신은 매력적이오"라는 고백이 됩니다. 꽃을 전할 때 꽃말을 함께 전달하거나 나중에라도 알려 주는 게 더 좋아요. 그러면 이제 그 꽃은 당신 부부만의 비밀 언어가 될 테니까요. 당신이 사용할 만한 몇 가지 꽃말을 알려드릴게요.

* 백합 – 당신은 순결합니다.
* 바이올렛 – 당신을 영원히 사랑합니다.
* 붉은 튤립 – 당신을 사랑해요.
* 칸나 – 우리의 사랑은 해피엔딩입니다.
* 분홍 장미 – 당신에게 내 사랑을 맹세합니다.
* 맨드라미 – 당신을 향한 내 사랑이 불타오릅니다.
* 노란 장미 – 나는 지금 질투하고 있어요.

카페나 공원 벤치에 함께 앉아서 '사람 구경 놀이'를
해 보세요.

    지나가는 사람들을 지켜보며 다른 부부들은 어떻게 살아
가는지, 그들에겐 어떤 사연들이 있을지 남편/아내와 함께
두런두런 이야기를 나눠 보세요.

47

남편/아내에게 일터에서 사용할 특별한 머그잔을 선물해 보세요.

일하는 동안에도 그 컵을 볼 때마다 당신을 생각하지 않을 수 없도록요.

지역 신문에 광고를 실어 보세요.

온 동네에 '비밀 전략'이 다 폭로되는 것을 원치 않는다면 애칭이나 별명을 사용할 수도 있습니다. 또는 당신 부부만이 아는 문구나 이야기를 이용하세요. 이런 방법으로 남편/아내를 향한 당신의 사랑이 얼마나 '유별난지' 알려 보세요. 당신이 낸 광고를 그/그녀가 놓치지 않도록 신문에 표시를 해 두거나 살짝 귀띔하는 것 또한 잊지 마시고요.

49

둘만의 추억을 되새겨 보세요.

　남편/아내와 함께 살아오는 동안 여러 가지 추억할 만한 물건들이 꽤 모였을 겁니다. 콘서트 입장권이나 항공 티켓, 엽서, 기념품 등. 버리기도 모아 두기도 뭣한 그것들로 특별한 사진틀을 만들어 즐겨 보세요. 두 사람의 사진 중 마음에 드는 하나를 확대해서 그 위에다가 즐거운 추억을 생각나게 하는 그 보물들을 콜라주 형식으로 붙여 보세요. 또는 사진틀을 장식할 수도 있겠죠. 그 사진을 볼 때마다 즐거운 추억들이 함께 떠올라 몇 배로 즐거워질 겁니다.

아직 한 번도 가 본 적 없는 장소에서 남편/아내와 데이트 약속을 해 보세요.

카페나 레스토랑, 관광지 등 어디든 좋아요.

하나 됨을 느낄 수 있는 둘만의 몸짓이나 암호를 만들어 보세요.

    틀림없이 이런 상황을 겪은 적이 있을 거예요. 당신 부부가 여러 사람들과 둘러앉아 대화를 나누는데, 갑자기 어떤 주제가 화제에 오르고 특정한 단어가 불쑥 튀어나옵니다. 당신은 남편/아내를 슬쩍 쳐다봅니다. 그리고 그/그녀가 무슨 생각을 하는지 다 알죠. 왜냐하면 그 단어는 당신 부부가 언젠가 함께 겪은 특이한 사건이나 우스운 상황, 또는 조금 전에 나누었던 대화를 생각나게 했으니까요.

당신 부부만이 아는 내용이 나오는 바로 그런 순간에 당신이 남편/아내를 향해 그저 눈을 한번 찡긋해 주거나 슬쩍 표정을 바꾸어 짓는 것만으로도 둘만의 하나 됨을 미묘하게 느낄 수 있습니다. 다른 사람은 전혀 알 수 없는 그런 친밀한 몸짓에는 아주 독특한 맛이 있죠. 그것은 바로 당신 부부가 서로에게 속해 있고, 둘이서 하나의 공통된 세계를 이루고 있다는 것을 암시해 주니까요. 지극히 소소한 일상사에 대해 담소를 나누는 사람들 중에 완전히 새로운 의미로 가득 찬 또 하나의 세계가 공존하는 셈이죠. 그런 작은 순간들을 놓치지 말고 하나 됨을 확인하는 색다른 기회로 삼아 보세요.

기사도 정신을 발휘해서 아내에게 극진한 서비스를
베풀어 보세요.

신혼 때 그랬던 것처럼 당신은 지금도 여전히 멋지게 잘
해낼 수 있습니다. 아내가 재킷을 걸칠 때 도와주고, 차 문을
열어 주고, 무거운 짐을 들어 주는 등, 당신이 여전히 아내를
소중히 여기며 관심을 기울이고 있다는 것을 보여 주세요.
여자들은 그런 것을 참 좋아합니다. 그러면 당신도 아내의
소중한 영웅이 될 거예요.

놀이동산에서 남편/아내와 함께 즐거운 한나절을 보내 보세요.

솜사탕도 사 먹고 놀이기구도 타면서 잠시 동심으로 돌아가 '유치하게' 하루를 즐겨 보세요.

어린 시절 한여름에 호스나 물총으로 물놀이를 해 본 적이 있나요?

당신이 아직도 여전히 잘할 수 있는지 한번 확인해 보세요. 정원에 물을 주거나 세차를 할 때 남편/아내가 옆에 있거든 장난을 걸어 보세요. 아이들에게 잠시 물총을 빌려도 됩니다. 의외로 아주 재미있을 거예요.

아내의 직장으로 꽃을 보내 보세요.

    아내의 행복은 이루 말로 다할 수 없을 겁니다. 게다가 아내의 직장 동료들에게 멋진 남편으로 소문도 날 수 있죠.

눈이 펑펑 온 날을 놓치지 마세요.

　우선 눈 위에 하얀 발자국을 남기며 함께 걸은 다음, 눈 위에 나란히 누워 '눈 천사'를 만들어 보세요. 팔을 쫙 펴고 아래위로 몇 번, 다리는 양 옆으로 몇 번 왔다 갔다 해 주면 눈 위에 천사의 모습이 나타납니다. 그 다음 한바탕 눈싸움도 빼놓을 수 없겠죠. 집에 돌아와 함께 마시는 뜨거운 차 한 잔의 맛은 각별할 겁니다.

같은 책을 함께 읽어 보세요.

때론 서로 돌아가며 한 페이지씩 읽어 주며 '책 읽어 주는 남편/아내'가 되어 보세요.

58

작은 물건에 큰 사랑의 고백을 담아 전해 보세요.

예를 들어 볼까요?

* 초콜릿 - 당신은 초콜릿보다 더 달콤해요.
* (원두)커피 - 당신은 내게 생기를 줘요.
* 퍼즐 - 당신이 없는 내 삶은 불완전해요.
* 조약돌 - 당신은 나의 반석이에요.
* 색연필 - 당신이 있어 내 삶은 무지갯빛이에요.
* 흰 장난감 말 - 당신은 내가 그토록 오랫동안 꿈꾸어 온 백마 탄 왕자님이에요.
* 성냥 - 당신은 내게 사랑의 불을 활활 지핍니다.
* 스마일 용품 - 당신의 유머는 항상 나를 웃게 해요.
* 전구 - 당신이 있어 내 삶이 환합니다.

둘이서 함께 낭만적인 여행을 떠나 보세요.

그러면 통장에 지진이 날 거라고요? 그렇다면 멀리 있는 여행지를 집 안으로 옮겨오세요. 여행사에서 가고 싶은 곳의 팸플릿을 얻어 온 다음, 둘이서 가상의 여행 계획을 짜 보세요. 우선 그 여행지에 걸맞은 음악을 틀어 놓고 그곳의 전통 음식을 요리해 먹고, 저녁에는 그 여행지를 배경으로 한 영화를 한 편 보세요. 이런 식으로 하면 통장에 지진을 일으키지 않고도 세계일주가 가능하답니다.

60

사랑 고백은 통장으로 넣을 수도 있어요.

남편/아내의 통장에 그리 대단치 않은 금액을 송금하고 사유 란에 사랑의 말을 남기세요. 예를 들면, "금보다 귀한 당신", "당신이 최고예요"라고 말이죠.

동물원은 아이들만을 위한 소풍 장소가 아닙니다.

 부부들도 거기서 유쾌한 기분전환을 할 수 있죠. 함께 손을 잡고 어슬렁거리며 다니다가 특이한 동물을 발견하면 깔깔 웃어도 보고 눈을 동그랗게 뜨고 감탄도 해 보세요. 남편/아내와 닮은 각 동물의 특징들을 찾아보는 놀이도 할 수 있습니다. 사자처럼 강하다든가, 사슴처럼 날래다든가 하는 식으로요. 물론 계속 즐거운 소풍이 되려면 긍정적인 특징으로만 제한해야겠죠!

제5장

좀 더
특별해도 될까요?

사랑은 정원과 같아서 가꾸지 않으면 황폐해진다.

아라비아 속담

살다 보면 가끔 일상을 깨고 나와야 할 때가 있습니다. 그런 '작전타임'을 즐기세요. 일상의 쳇바퀴를 벗어나 뭔가 새로운 것을 시도해 보는 것은 부부관계에도 좋습니다. 주말을 잡든 하루 저녁을 내든 상관없어요. 오로지 당신 부부만을 위해 쓸 수 있는 시간을 정기적으로 가져 보세요. 잊지 못할 특별한 이벤트로 관계에 생기를 더하고 멋진 추억을 남겨 보세요. 이 장에서는 당신의 부부관계를 보다 풍성하게 해 줄 몇 가지 방법을 알려드릴 거예요.

62

늘 지켜오던 기념일 외에 둘만의 특별한 날을 몇 가지 더 정해서 지켜 보세요.

예를 들면, 처음 만난 날이라든가, 청혼한 날 등이 있겠죠. 정확한 날짜가 기억 안 나면 그냥 마음에 드는 날로 정하면 됩니다. 또는 한 달 중 하루, 더 적극적이라면 매주 하루는 '부부의 날'로 정해서 둘만의 오붓한 시간을 가져 보세요.

두 번째 첫 데이트!

남편/아내와 처음 만났던 날을 아직 기억하고 있나요? 서로를 알아가는 두근거림, 시선이 교차할 때의 흥분과 설렘, 손끝이 스칠 때의 전율….

다시 과거로 돌아가 '두 번째 첫 데이트'를 재현해 보세요. 처음 만났을 때 그/그녀가 어떤 모습이었는지 기억을 더듬어 보세요. 거부할 수 없는 매력을 지닌 청년이었나요? 세상에서 가장 아름다운 눈을 가진 소녀? 또는 미소가 매혹적인 아가씨였나요? 그 시절의 나로 다시 한 번 돌아가 그때의 젊은 나를 연기해 보세요. 남편/아내와 이메일이나 전화로, 가능하다면 처음 만났던 그곳에서 데이트 약속을 정하세요. 그리고 나중에 그곳에서 만나거든 마치 오늘 처음 만난 것처럼 호기심을 가지고 서로를 대해 보세요. 서로를 향해 감탄해 보세요. 그 매력, 그 눈, 그 웃음에 대해. 그때의 설렘이 다시 되살아날 겁니다.

함께 나무를 심어 보세요.

결혼기념일처럼 당신 부부만의 특별한 날에 사랑의 나무를 정원에 또는 주위의 적당한 곳에 심어 뿌리를 내리게 하세요. 작은 나무가 점점 자라는 것을 보며 서로의 사랑도 세월이 갈수록 더욱 견고해지도록 기도해 보세요. 당신 부부가 함께 산 햇수만큼 나이를 먹은 나무를 골라 심는 것도 의미 있겠죠.

목소리를 선물하세요.

주말부부이거나, 자주 출장을 가거나, 이런저런 이유들로 떨어져 있어야 하는 기간이 길거나 잦다면 당신의 목소리를 담은 오디오북을 만들어 선물해 보세요. 개인용 컴퓨터에 마이크만 있으면 간단히 만들 수 있습니다.

당신만의 아이디어로 개성 있게 꾸며 보세요. 어울리는 음악을 깐 다음 직접 쓴 사랑의 편지를 읽어도 좋고, 그/그녀가 좋아하는 책을 읽어 녹음하는 것도 좋겠죠. 이렇게 목소리로 언제 어디서나 당신은 남편/아내의 곁에 함께 머물 수 있어요.

매년 둘만의 기념사진을 찍어 보세요.

　날짜를 정해 두면 더 좋아요. 결혼기념일이나 한 해의 첫 날, 또는 마지막 날은 어떨까요? 중요한 건 매년 빼먹지 않고 챙기는 행사로 만드는 겁니다. 찍은 사진들은 앨범으로 만들어도 좋고, 집안에 갤러리처럼 꾸며 전시를 해 두어도 재미있을 거예요.

매 해 일어난 특별한 사건을 테마로 정해 보는 것도 좋습니다. 아이가 태어났다거나, 이사를 했다거나, 승진을 했다거나…. 꼭 사진관에 가서 찍을 필요는 없어요. 가까운 사람들 중 사진 기술이 있는 사람에게 부탁해서 함께 즐거운 시간을 가져 보세요. 이 사진 시리즈는 당신 가족사의 멋진 기록이 되어 두고두고 이야깃거리가 될 겁니다. 자녀들에게도 당신 부부가 함께 나이 들어 가며 어떤 삶의 여정들을 헤쳐왔는지 전해 줄 수 있는 귀중한 자료가 되겠죠.

67

남편/아내를 위해 '팬 비디오'를 찍는 것도 멋진 생각이에요.

    그/그녀의 친구, 동료, 지인들을 인터뷰해서 남편/아내의 어떤 점을 높이 평가하는지 장점들을 말하게 하세요. 물론 마지막 명장면은 당신이 직접 장식해야겠죠.

68

2인승 자전거를 빌려서 자전거 여행을 해 보세요.

적당한 시간 간격을 두고 남편과 아내가 번갈아 앞에 앉아 보세요. 그리고 어떤 상황에서도 한 방향을 향해 함께 달려가는 하나임을 새롭게 느껴 보세요.

서늘한 여름 저녁을 놓치지 말고 소풍을 즐겨 보세요.

찾아보면 집 근처에 적당한 곳이 있을 거예요. 전혀 없다면 집 마당이나 베란다에서도 못할 것 없죠. 손으로 집어먹을 수 있는 간단한 음식과 음료수를 준비하고, 소풍용 깔개도 잊지 마세요. 형편이 허락한다면 그릴을 하는 것도 좋겠죠. 함께 긴 여름밤을 시원하게 누려 보세요.

나만의 '야외극장'을 열어 보세요.

스크린으로 쓸 흰 천(침대 시트 등)을 집 벽이나 적당한 곳에 걸고 비디오 프로젝터를 빌리면 됩니다. 직접 만든 팝콘과 둘이서 꼭 같이 보고 싶었던 영화 한 편으로 특별한 '명화의 밤'을 만들어 보세요.

여건이 허락된다면 남편/아내와 둘이서만 파리에서 낭만적인 여행을 해 보세요.

파리는 사랑의 도시죠. 작고 아담한 호텔을 정한 뒤 노천 카페에서 차를 한 잔 마시고, 노트르담도 둘러보고, 에펠탑에도 올라가 보세요. 그리고 몽마르트의 예술가 시장을 둘이서 손을 잡고 어슬렁거리며 다녀 보세요.

* 파리가 가까이 하기에 너무 멀다면, 경기도 가평의 프랑스마을(쁘띠 프랑스)에서도 파리의 낭만을 살짝 맛보실 수 있어요. 경남 남해에는 독일마을도 있답니다. - 역자

제6장

더 낭만적인 걸
원한다면

사랑을 갖고 바라보는 것은 다 아름답다.

크리스티안 모르겐슈테른
(Christian Morgenstern)

이번 장은 특별한 로맨티스트들을 위한 것입니다. 사람은 각자 자기만의 낭만을 가지고 있죠. 어떤 이에겐 잔잔한 음악이 흐르는 곳에서의 촛불이 켜진 저녁 식사가 낭만의 진수일 수 있고, 또 어떤 이는 둘이서 하는 저녁 산책을 최고로 치기도 하죠. 당신의 남편/아내는 어떤 것을 낭만적으로 여기는지 당신이 제일 잘 알 겁니다. 아직 모른다면 무조건 알아내야 해요!

시인이나 소설가들이 묘사하는 거창한 황홀감은 사실 우리 일상과는 거리가 먼 경우가 많죠. 그러나 평범한 일상 속에 늘 새로이 낭만의 섬을 지을 수 있다면 얼마나 좋을까요? 사소하나 애정이 듬뿍 담긴 몸짓들이 친밀감을 만들고 우리의 일상을 화사하게 합니다.

어쩌면 이제 제시해 드릴 방법들 중 몇 가지는 당신에게 너무 유치하거나 싱겁게 여겨질지도 모르겠군요. 하지만 사람은 살면서 가끔 유치해질 필요가 있습니다. 아니면 당신의 취향에 맞게끔 자유롭게 변형해서 당신 부부만의 로맨스를 찾아 즐겨 보세요.

72

효과 확실한 무드 잡기의 고전은 역시 '촛불 조명 아래서의 저녁'이죠.

    남편/아내를 위한 특별 요리를 직접 만들거나 주문한 다음, 식탁도 신경 써서 꾸미고, 촛불을 켜고, 음악도 트세요. 물론 의상도 걸맞게 갖춰 입어야 해요. 당신은 이 저녁 식사를 깜짝 파티로 준비할 수도 있고, 또는 서로 날짜를 정해 두고 할 수도 있어요. 이날 저녁은 오직 당신 부부만을 위한 것이니 전화기는 끄고, 방해가 될 만한 것들은 미리 다 치워 두세요. 그리고 은은한 촛불 조명 아래 둘만의 낭만을 한껏 즐겨 보세요.

낭만적인 분위기 연출의 고전적인 도구인 양초는 특히 여자들이 좋아하죠.

한 번쯤 거실이나 침실을 양초의 바다로 만들어 아내를 풍덩 빠지게 해 보세요. 방 곳곳에 (향기 나는) 초를 켜 두고 그 불빛을 통해 사랑의 마음을 전해 보세요.

74

함께 등산을 해 보세요.

　자연이 내뿜는 충만한 생명력으로 부부관계에 활력을 불어넣어 보세요. 자연을 훼손하지 않는 선에서 둘만의 이정표를 남겨 보는 것도 재미있을 겁니다.

75

당신의 마음을 천장에 매달아 보세요.

붉은색 마분지, 나일론 실 그리고 몇 가지 공작 도구를 준비하세요. 남편/아내를 향한 사랑의 고백을 담고 공중을 떠다닐 당신의 심장을 만들 거예요.

마분지를 하트 모양으로 오리세요. 글씨를 쓸 수 있을 만한 크기로 오리면 됩니다. 그 위에 남편/아내에게 전하는 사랑의 말을 적으세요. 이 하트를 침실의 침대 위 천장에 매다세요. 다양한 높이로 여러 개 만들면 더 좋겠죠. 이제 하늘에서 날마다 열렬한 사랑의 고백이 쏟아져 내릴 겁니다.

장갑이나 목도리 같은 소품을 부부가 같은 것으로 맞춰서 착용해 보세요.

색상이나 디자인이 다 같아도 좋지만 둘 중 하나만 맞추어도 멋스럽답니다. 그리고 따뜻함은 배가 될 거예요.

77

함께 춤을 춰 보세요.

춤추는 걸 좋아한다면 특별한 계기를 기다릴 필요도 없이 적당한 음악을 틀고 거실에서도 얼마든지 출 수 있죠. 그러나 마음은 댄서이나 몸이 안 따라 준다면 남편/아내와 함께 댄스학원에 등록해서 배워 보세요. 어쩌면 새로운 취미와 재능을 발견하게 될지도 모르니까요. 음악에 맞춰 함께 몸을 움직이다 보면 마음도 더욱 하나가 되는 것을 느낄 수 있을 거예요.

기독교 성지를 함께 방문해 보세요.

서울 합정동의 양화진 외국인 선교사 묘지, 손양원 목사님의 자취를 느낄 수 있는 여수의 애양원, 그리고 우리나라 기독교 역사의 초기에 세워진 교회 등 가 볼 만한 기독교 성지들이 국내에도 곳곳에 있습니다. 자세한 정보는 인터넷에서 얻을 수 있어요. 남편/아내와 함께 경건한 마음으로 이곳들을 둘러보며 우리 삶의 가장 본질적인 것에 대해 마음을 나눠 보세요.

> ※ 독일의 기독교 유적지들인 교회와 성당 순례를 우리나라에 맞게 바꾸어 소개합니다. - 역자

79

라디오 방송도 사랑을 전하기에 언제나 좋은 도구죠.

남편/아내가 즐겨 듣는 방송에 전화를 해서 사랑한다고 공개적으로 크게 외쳐 보세요. 그/그녀가 그 시간에 방송을 꼭 들을 수 있도록 신경 쓰는 것도 잊지 마시고요.

80

밤에 함께 '별 볼 일 있는 데이트'를 해 보세요.

조용한 분위기에서 쏟아질 듯한 별빛 아래 사랑을 고백할 수 있는 곳(대학로 뒤 낙산공원, 신정동 계남공원, 한강 난지공원, 안산공원, 예술의전당 야외마당 등)이나 천체망원경을 통해 별무리를 관측해 볼 수 있는 곳(칠갑산 천문대, 양주시 송암 천문대, 장흥 정남진 천문과학관 등)들이 있답니다. 더 자세한 정보는 인터넷의 바다에서 건져 올릴 수 있어요. 남편/아내와 함께 밤하늘의 별을 바라보며 천국을 더욱 소망해 보세요.

* 우리나라에 맞게 바꾸어 소개합니다. - 역자

5월 21일은 부부의 날입니다.

둘(2)이 하나(1)가 된다는 의미에서 부부관계의 소중함을 일깨우기 위해 법정기념일로 제정된 날이죠. 전국 각지에서 부부 축제, 부부 음악회 등 다양한 부부 행사가 열리니, 이 날을 놓치지 말고 사랑을 꼭꼭 다져 보세요.

> * 독일의 공식적인 키스의 날인 7월 6일을 우리나라의 부부의 날로 바꾸어 소개해 드립니다. 물론 7월 6일도 기억해 두셨다가 '키스 식'을 거행해 보는 것도 좋겠죠.^^ - 역자

나만의 특별한 '포토 쇼'로 남편/아내를 깜짝 놀라게 해 보세요.

    요즘은 디지털 카메라의 보급 덕에 사랑 고백에도 창의력을 발휘할 여지가 부쩍 넓어졌습니다. 예를 들면, 가장 일반적인 방법으로 파워포인트를 이용할 수 있겠죠. 당신 부부만의 특별한 사진들을 골라 배열한 뒤, 거기에 글을 덧붙이고 배경음악을 깔아서 사진에 사랑의 마음을 담아 보세요. 파워포인트가 번거롭다면 포토 북이나 전자앨범, 또는 포토 캘린더로 만들어 선물하는 것도 좋은 방법입니다. 그 외에도 사진을 이용한 기발한 사랑 고백 법을 인터넷을 통해 얻을 수 있어요.

사진으로 만들 수 있는 이색 상품들도 다양하게 나와 있습니다.

사진을 담은 다이어리, 포토 퍼즐 세트, 카드, 엽서, 디지털 사진첩 등으로 당신의 남편/아내를 즐겁게 해 보세요.

사랑을 전하는 세계 공용어는 뭐니 뭐니 해도 바로 음악이죠.

남편/아내를 위한 당신만의 CD를 만들어 보세요. 이 방법은 지난 몇 세대를 이어져 온 고전에 속합니다. 당신이 직접 선곡한 노래나, 혹시 가능하다면 직접 만들거나 부른 노래를 담아 그/그녀에게 선물하세요. 오래 운전할 때, 또는 특별한 날 둘만을 위해 요긴하게 사용될 겁니다.

85

향기도 사랑을 전하는 좋은 도구예요.

냄새는 어떤 대상이나 사람에 대한 특별한 기억을 불러일으킵니다. 당신은 틀림없이 냄새만으로도 남편/아내를 찾아낼 수 있을 거예요. 그/그녀의 향기는 당신에게 친숙해서 당신의 마음을 편안하게 해 주죠. 당신이 며칠 집을 떠나 있게 된다면 향기가 주는 이 기억의 힘을 활용하세요. 당신이 평소에 즐겨 쓰는 향수를 수건이나 침구에 살짝 뿌려 두는 것은 당신의 빈자리를 대신 채워 주는 낭만적인 사랑의 몸짓이 됩니다.

때론 로맨틱한 욕실 서비스로 아내를 깜짝 놀라게 해 보세요.

따뜻한 목욕물을 받고 향기 좋은 비누로 거품을 잔뜩 내세요. 촛불을 몇 개 밝히고 편안한 음악까지 준비한다면 금상첨화겠죠. 아내가 목욕 후 마실 수 있는 음료수 한 잔까지 준비해 둔다면 완벽합니다.

액세서리를 좋아한다면 커플 목걸이를 해 보세요.

중성적인 같은 디자인이나 둘이 합쳐야 하나가 되는 모양을 골라 남편/아내에게 선물하세요. 늘 걸고 다녀도 좋겠지만, 특별한 날만 함께 착용해도 색다른 친밀감을 느낄 수 있어요.

함께 손발 프린팅을 해 보세요.

    집안에 시멘트 바닥을 깔 수 있다면 적당한 장소에 둘의 발자국을 나란히 찍어 남겨 보세요. 또는 전문 가게에서 액자로 만들 수도 있습니다. 세월이 흘러도 지워지지 않는 확고한 사랑의 흔적을 남겨 보세요.

가끔은 영화 속 주인공이 되어 보세요.

로맨틱한 영화를 자주 보나요? 그런 영화들에는 여자들을 황홀하게 하는 장면들이 늘 나오죠. '나도 저렇게 한번 해 봤으면, 나도 저런 걸 한번 경험해 봤으면…. 그런데 왜 내겐 저런 일이 일어나지 않는 거야?' 싶은 장면이 있다면 한탄만 하지 말고 남편과 함께 재연해 보세요. 영화 장면 그대로 똑같이 따라할 필요는 없습니다.

어쩌면 먼저 남편을 설득해야 하는 과정이 있을 수도 있고, 또 어쩌면 남편이 더 좋아할 수도 있겠죠. 남편에게 당신이 원하는 걸 이야기하고 함께 상의해 보세요. 예를 들면, 함께 비를 맞으며 걸어 보고 싶다거나, 해지는 해변을 말을 타고 달려 보고 싶다거나….

실패할까 미리 겁내지 마세요. 설령 당신이 바라던 대로 잘 안 되더라도 최소한 둘이서 함께 실컷 웃을 수는 있을 테니까요. 어쩌면 너무 성공적이어서 계속 자료를 모으기 위해 연신 극장을 들락거리게 될지도 모르죠.

솔로몬의 사랑의 노래인 '아가' 서를 남편/아내와 함께 읽어 보세요.

신랑 되신 주님과 신부인 나의 관계를 나와 남편/아내의 관계를 통해 새롭게 묵상해 보세요.

기독교 백화점 등지에서 마음에 드는 십자가를 하나 구하세요.

    직접 만들 수 있다면 더 좋겠죠. 그 십자가를 집안의 적당한 곳에 걸어 두고 그 아래를 남편/아내를 위해 기도하는 곳으로 삼아 보세요. 편안한 방석과 기도 제목을 적어 놓을 수 있는 작은 서판이나 메모지도 마련해 두시고요. 거기서 두 사람이 함께 서로를 위해 기도하고 예배한다면 가정이 천국이 되겠죠.

제7장

용감한 분들을
위하여

더 사랑하는 것 외에 사랑을 위한 다른 치료제는 없다.

헨리 데이비드 소로
(Henry David Thoreau)

이미 많은 아이디어들을 실행해 보아서 뭔가 좀 더 유별난 것을 찾고 있나요? 아니면 혹시 결혼기념일이나 특별한 날을 위해 아주 색다른 계획이 필요한가요? 그렇다면 이 장은 바로 당신을 위한 것입니다. 여기에 소개하는 것들 중 몇 가지는 상당히 기상천외하기도 하고 용기나 수고가 꽤 들기도 하지만, 그렇다고 지레 겁먹진 마세요. 그 수고의 대가로 당신의 사랑 고백을 받는 사람에겐 평생 잊을 수 없는 순간이 주어질 테니까요.

92

집 근처나 남편/아내의 직장 가까이에 있는 거리의 광고란을 잠시 세내세요.

온 주민들에게 다 알리고 싶지 않다면 그/그녀만이 알아차릴 수 있는 문구로 사랑을 고백해 보세요. 칭찬과 격려의 한마디도 좋습니다.

보디 페인팅용 물감으로 서로의 몸을 편지지 삼아 사랑을 고백해 보세요.

※ 여름에 해수욕장에서 피부에도 좋은 머드로 한다면 마사지 효과까지 거둘 수 있겠죠. - 역자

함께 헌혈을 해 보세요.

좀 망설여진다면 서로 격려하세요. 조금만 용기를 내면 됩니다. 헌혈은 다른 사람의 생명을 구하기 위해 자신의 생명을 나누는 행위이므로 생명에 대한 사랑의 고백이라 할 수 있죠. 남편/아내와 함께한다면 더 의미 있는 일이 될 겁니다.

안내방송을 활용하세요.

　백화점이나 역에 가면 주로 잘못 주차한 차 주인을 찾거나 잃어버린 가족을 찾는 안내방송을 종종 들을 수 있죠. 이것을 보다 낭만적인 용도로 활용해 보세요. 남편/아내와 함께 그런 곳에 갈 기회가 생겼을 때 사랑의 고백을 '안내방송' 해 보세요. 담당 직원을 설득해야 하는 과정이 있긴 하지만, 대부분은 색다른 경험을 해 볼 유쾌한 기회를 기꺼이 받아들일 거예요. 이런 식으로 말이죠: "○○○ 씨가 세상에서 가장 아름다운 아내 ○○○ 씨를 지금 1층 꽃가게 앞에서 기다리고 계십니다."

이렇게 하면 일석이조의 효과를 거둘 수 있습니다. 우선은 당신의 남편/아내에게 공개적으로 사랑을 고백할 수 있고, 또 그 방송을 듣는 다른 사람들에게도 잠시 웃음과 낭만을 선사해 줄 수 있으니까요.

사랑의 세레나데를 불러 보세요.

영화나 동화를 보면 기사들이 숭배하는 여인의 창문 아래서 사랑의 세레나데를 부르곤 하죠. 이 방법을 약간 변형해서 응용해 보세요. 예를 들면, 현대의 기사인 당신은 노래방에 가서 당신의 '보배' 앞에 사랑의 노래를 바칠 수 있겠죠. 용기가 있다면 물론 그 옛날처럼 창문 밑에서 해도 됩니다. 꼭 노래만 하라는 법도 없죠. 뭘 하든 당신의 아내는 까무러칠 만큼 감동할 겁니다.

'나'를 선물해 보세요.

　　결혼기념일이 다가오는데 뭘 선물해야 좋을지 몰라 아직 고민 중인가요? 그렇다면 그냥 당신 자신을 선물해 보세요. 선물 포장지(투명 비닐도 좋아요)를 넉넉히 준비해서 정성스럽게 자신을 포장하세요. 그 다음 멋진 리본으로 잘 묶으시고요. 풀어 보는 동안 남편/아내가 무척이나 즐거울 겁니다.

남편/아내에게 하늘에 사무치는 사랑의 고백을 하고 싶다면 하늘에다 사랑의 편지를 써 보세요.

    비행기 연막을 이용해서 공중에 글씨를 쓸 수 있습니다. 인터넷에서 전문 업체를 찾아보세요. 그중에는 사랑 고백을 위한 특별 상품을 제공하는 곳도 있어요. 비용이 좀 드는 방법이긴 하지만 그만큼 더 남편/아내의 평생에 잊지 못할 추억으로 남게 되겠죠.

온갖 창의적인 아이디어와 기발한 발상들이 넘친다 해도 가장 고전적인 방법이 가장 좋을 때가 있죠.

아주 간단해요. 우선 남편/아내를 지긋이 바라보세요. 눈을 깊이 들여다보면서 그냥 이렇게 말하세요.

"사 · 랑 · 해!"

제8장

당신만을 위해

이성(理性)은 말할 수 있을 뿐이나

노래하는 것은 사랑이다.

조제프 드 메스트르
(Joseph de Maistre)

후기 대신 저는 당신에게 곧장 바통을 넘겨드리겠어요. 지금까지 제가 제안해 드린 방법들이 당신에게 조금이라도 영감을 주었길 바랍니다. 그중 몇 가지는 당신이 앞으로 더욱 발전시켜 나갈 수도 있고, 어쩌면 전혀 새로운 아이디어가 당신에게 떠올랐을지도 모르겠군요. 그것을 위해 이 장에서는 당신에게 공간을 마련해 드리고자 합니다. 당신의 뇌리에 번개처럼 떠오르는 기발한 착상들로 당신만의 페이지를 꾸며 보세요. 당신의 남편/아내에게 "나는 당신을 사랑해요!"라고 말하기 위해서….

당신만의 페이지

당신만의 페이지

당신만의 페이지

당신만의 페이지

당신만의 페이지

함께 보면 유익한 서로사랑 추천도서

결혼 / 니키 & 실라 리 지음

결혼을 위한 기도 / 김경수 지음

결혼, 알고 합시다 / J. 존 지음

죽음이 우리를 갈라놓을 때까지 / J. 존 지음

우리 가족 행복 매뉴얼 / 짐 번즈 지음

아름다운 기적 / 김영하 지음

www.alphakorea.org(한글주소:기독교도서, 기독교출판사, 종교서적)

지은이 한나 게벨(Hanna Gaebel)

1980년에 독일에서 태어난 커뮤니케이션 학자로, 커뮤니케이션 사이언스(의사소통과학)와 미디어학을 전공했다. 책은 그녀의 열정이었기에 기독교 출판사의 홍보부서에서 이루어지는 일들을 좋아했다. 현재는 루르 지역에 거주하면서 다양한 잡지와 간행물 등에 여러 가지 주제로 기고하고 있다. 자신의 일생이 사랑이라고 생각하는 남자와 결혼을 하였고, 이 책에 소개된 많은 정보들을 자신의 삶에 적용하며 살고 있다.

옮긴이 강미경

경북대학교에서 독어독문학 석사 과정을 마치고, 독일 에센대학(Duisburg-Essen Uni.)에서 사회복지학 디플롬 과정을 수료했다. 지금 독일 에센에 살면서 독일의 좋은 기독 서적들을 찾아 국내에 소개하고 번역하는 일을 하고 있다. 역서로는 〈어린 양과 선한 목자〉, 〈예수님 시대 탐구 여행〉, 〈걱정 마 하나님이 도와주실 거야〉(두란노키즈 출간), 〈떴다 성막 탐험대〉, 〈우리 결혼 잘 될 거야〉(토기장이 출간)이 있다.

세상에서 가장 아름다운 말 "사랑해"라고 말하는 99가지 방법

1판 1쇄 발행 _ 2011년 5월 2일

지은이 _ 한나 게벨
옮긴이 _ 강미경
펴낸이 _ 이상준
펴낸곳 _ 서로사랑(알파코리아 출판 사역기관)
편집 _ 이소연, 박미선
영업 _ 장완철
이메일 _ publication@alphakorea.org
사역/행정 _ 이정자, 윤종화, 주민순, 강민정, 엄지일
이메일 _ sarang@alphakorea.org
등록번호 _ 제21-657-1
등록일자 _ 1994년 10월 31일
주소 _ 서울시 서초구 방배1동 918-3 완원빌딩 1층
전화 _ (02)586-9211~4
팩스 _ (02)586-9215
홈페이지 _ www.alphakorea.org

ⓒ서로사랑 2011
ISBN _ 978-89-8471-274-4 03230

* 이 책은 서로사랑이 저작권자와의 계약에 따라 발행한 것이므로
  본사의 허락 없이는 어떠한 형태나 수단으로도 이 책의 내용을 이용하지 못합니다.
* 잘못된 책은 바꿔드립니다.
* 가격은 뒤표지에 있습니다.